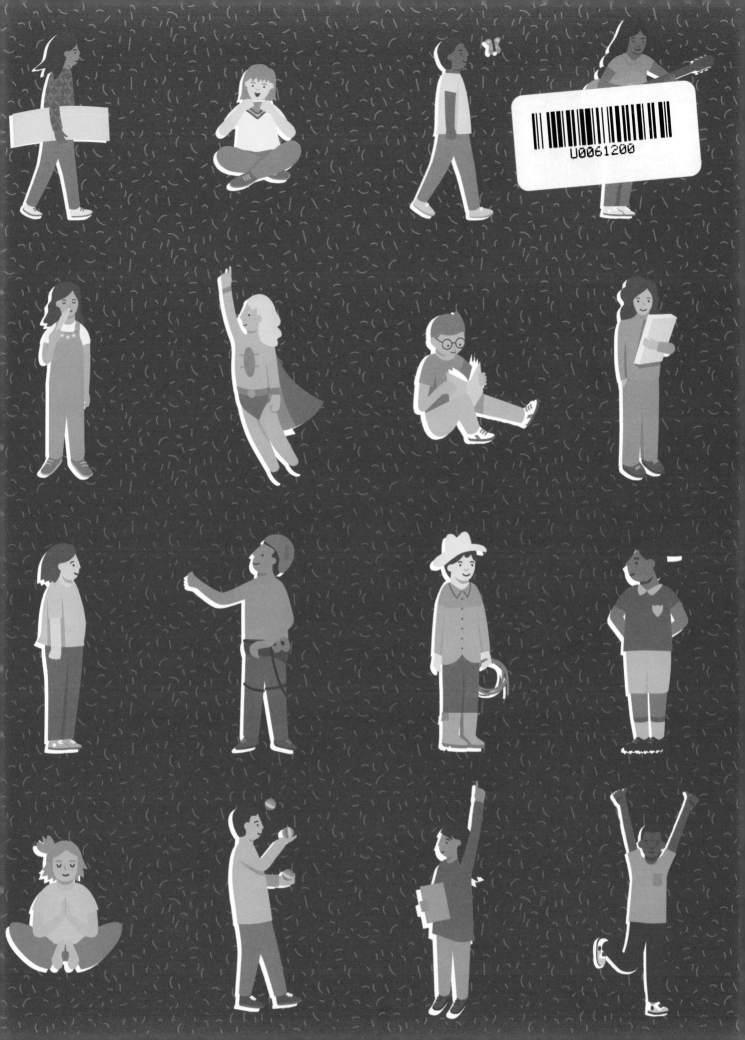

# 成長大能力

## 迎接成長挑戰必備的
## 生活技能

凱莉·斯威夫特　著

新雅文化事業有限公司
www.sunya.com.hk

# 願你
# 振翅高飛！

人生就像一場大冒險，會有高峯，也有低潮，還有各種起伏不一的路途。這本書的內容就是為了協助你在旅程中尋覓路向，願你能認識自己，相信自己的能力，從而建立信心去迎接挑戰，並且把握沿途上每個珍貴的機會。

*Reilly Swift*

凱莉·斯威夫特
英國著名兒童報章*First News*執行編輯

# 目錄

新雅·成長館
成長大能力：
迎接成長挑戰必備的生活技能
作者：凱莉·斯威夫特 (Keilly Swift)
插圖：詹姆士·吉布斯 (James Gibbs)
教育顧問：溫恩·金德 (Wynne Kinder M. Ed.)
翻譯：羅睿琪
責任編輯：潘曉華
美術設計：鄭雅玲
出版：新雅文化事業有限公司
香港英皇道499號北角工業大廈18樓
電話：(852) 2138 7998
傳真：(852) 2597 4003
網址：http://www.sunya.com.hk
電郵：marketing@sunya.com.hk
發行：香港聯合書刊物流有限公司
香港荃灣德士古道220-248號
荃灣工業中心16樓
電話：(852) 2150 2100
傳真：(852) 2407 3062
電郵：info@suplogistics.com.hk
版次：二〇二一年六月初版

版權所有·不准翻印

ISBN:978-962-08-7733-9
Original Title: *Life Skills*
Copyright © Dorling Kindersley Limited, 2021
A Penguin Random House Company

Traditional Chinese Edition © 2021
Sun Ya Publications (HK) Ltd.
18/F, North Point Industrial Building,
499 King's Road, Hong Kong
Published in Hong Kong, China
Printed in China

For the curious
www.dk.com

這本書裏有很多有用的小貼士呢。

# 什麼是生活技能？

　　試想像一下，你擁有一套工具，可以用來應付生命中的各種難題和挑戰，而這套工具就是生活技能。培養生活技能可以幫助你解決當下的問題，並讓你滿懷自信地邁向未來，預備好應付所有挑戰。

這棟大樓包羅了
這本書中介紹的五類
生活技能。

生活技能的好處，就是
你可以從任何一處開始
學習，並且不斷進步。

## 建立解難力

在第1章，我們會了解如何作出妥善的決定，以解決各種問題。

## 訓練思考力

一起在第2章學習如何從不同角度思考問題，跳出固有框架，並蒐集充分資料來得出你自己的意見吧。

## 提升溝通力

第3章會談談各種重要的溝通技巧，包括交談、聆聽，或其他無需言語的表達方法。

## 培養感受力

來到第4章，請想想是什麼東西令你成為獨一無二的人，並嘗試將自己代入其他人的處境，了解他們可能有何感受吧。

## 加強適應力

不論是日常生活的小挑戰，還是充斥強烈情緒的高壓力局面，你都可以在第5章找到許多應對的策略。

# 建立解難力

如果你曾經面對艱難
的抉擇，或是遇上有待解決的
難題，你便會知道處理這些事情有
多麼困難。學習不同的方法將困難逐一
拆解，並找出可行的辦法，能幫助你更
有信心地下決定和找出最佳解決方案。
雖然不一定每次都如你所願順利解決
困難，但從錯誤中學習，是人生
中最寶貴的課堂呢。

# 作出決定……
## 解決問題

作出決定與解決問題，都是重要的生活技能，而且它們往往會一同出現。這本書會給你許多小貼士與竅訣，幫助你發展這些技能。

### 決策時間
你可以花時間下決定，可是不要花太多時間，匆匆下決定會容易出錯，但無法拿定主意也是問題。

### 日常選擇
你每天都會作出許多小決定，從穿哪一件上衣，到吃什麼作為早餐，都是一個個的決定。許多事情根本不需要思考太多，那就是說你可以省下一些腦力，用來思考更重大的決定！

### 選項與結果
仔細想想你擁有的不同選項，還有它們可能帶來的結果。將你的想法寫下來有助你疏理事情，尤其是你要解決一些複雜問題的時候。

### 事後回顧
當你作出決定後，可以再仔細想想事情最終如何發展。請記着，所有人都有可能作出錯誤的決定，那是學習的一部分。

## 不斷發問

要想出解決方法，可以不斷問自己許多開放式問題，例如：「我認為最理想的結果是什麼？」或是「誰可以給我一些意見？」

## 問題又來了！

人生中有時會出現這種情況：你以為經解決了一個難題，但難題不久又會捲土重來！相同的解決方法不一定再次奏效，所以你要試着思考事情發生了什麼變化。你能用不同的方式看待事情嗎？

## 緊記目標

解決問題是需要找出適當的方式處理問題。在過程中，你也許需要作出許多決定。重要的是緊記你的目標，因為你有可能下了決定，但其實一直沒有將問題解決！

## 整合行動

解決問題往往需要許多步驟。例如你早上總是會遲到，你的解決步驟可能是在前一晚便將要穿的衣服擺放出來，並將鬧鐘響鬧的時間調早一些。

# 畫出思維導圖

思維導圖是你作出決定時分析各個選項的一種方法，它能顯示出不同選項，以及選擇後可能發生的情況，好讓你能整理思路。

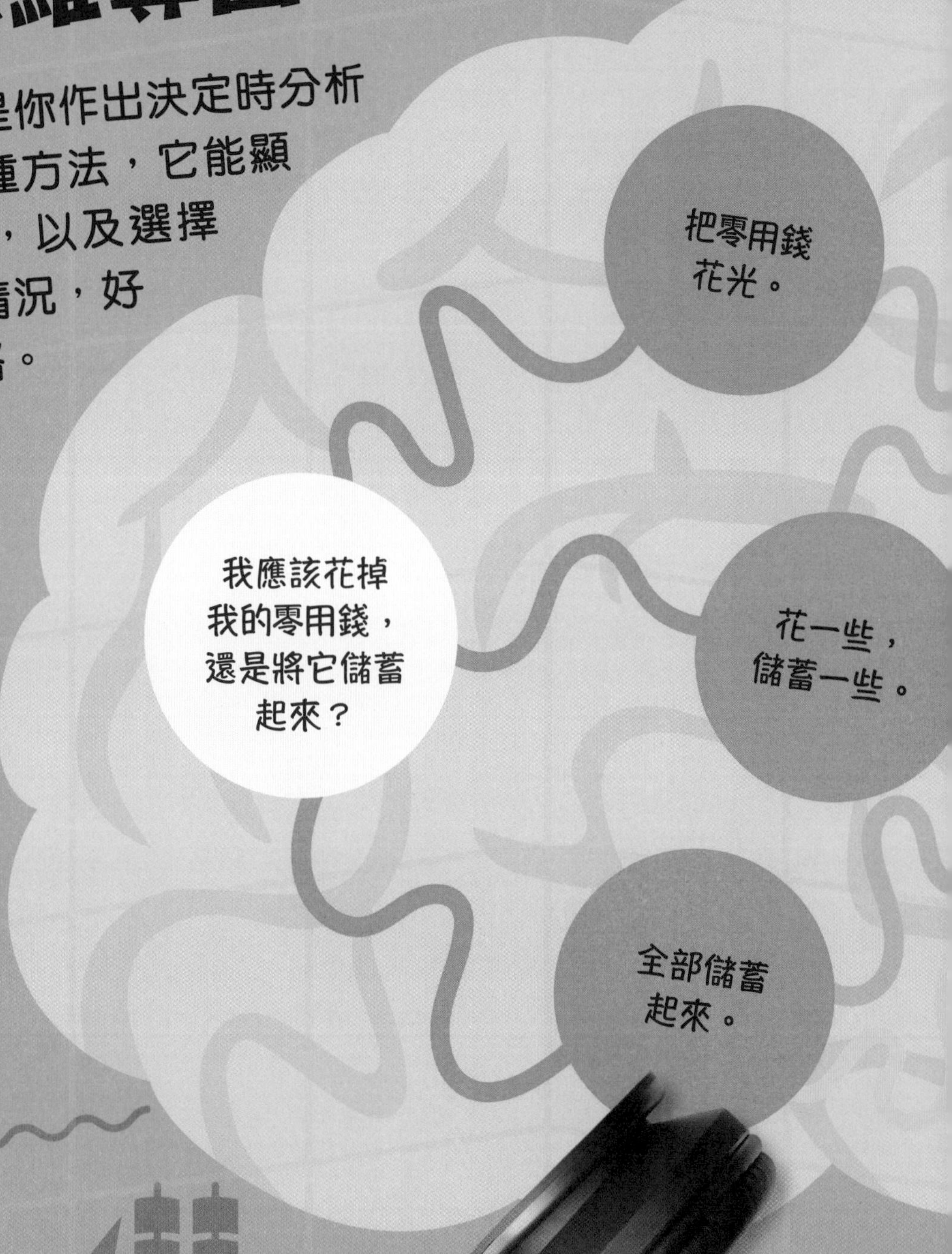

把零用錢花光。

我應該花掉我的零用錢，還是將它儲蓄起來？

花一些，儲蓄一些。

全部儲蓄起來。

## 地圖圖例

決定

選項

好處

壞處

試試製作
思維導圖，
依循當中的路徑
幫助你作出
決定吧。

我可以
馬上享用
美味的點心！

我一點錢都
不會剩下。

我可以現在
享用一個小點
心，還可以儲蓄
一些錢。

我需要較長時間
才能儲蓄足夠金錢
買到我很想要
的東西。

我不用儲蓄
很長時間便能享用
更精美的點心，而
且當我需要的時候
也有儲蓄可用。

我現在無法
買任何東西。

## 動手畫

這是超簡易版思維導圖。在繪畫過程中，你可以列出各個選項的好處及壞處，幫助你作出最佳決定。

### 聆聽自己

據說直覺是你與潛意識的連結——潛意識是你心智的一部分，能夠在你不知不覺下影響你。給自己一段安靜的時間，就會聽見你心智中的那個部分正在告訴你什麼。

### 信任你的感覺

有時候我們會否認自己的感覺，也許是因為這些感覺與其他人的感覺不一樣。然而，你的內在指引往往是正確的，因此試試信任自己的感覺，並探索一下你的直覺嘗試給你什麼答案。

聽從你的內在指引，它能帶領你作出更好的決定。

# 相信你的直覺

當你面對左右為難的局面時，直覺就是其中一種幫助你解決問題的強大工具。

### 什麼是直覺？

直覺是指你對於事物的一種強烈感覺，這種感覺無需經過仔細思考就能產生。有時候憑直覺，你就知道某些事情是對是錯，而且這種感覺也能幫助你了解自己的想法。這裏有一些小貼士，可以幫助你培養更敏銳的直覺。

### 留意四周環境

由潛意識蒐集所得的資訊，可能比你以為的更多。在你留心觀察周遭發生的事情時，潛意識就已蒐集了許多細微的線索或資訊片段，它們都會添加進你的直覺中，幫助你作出最佳決定。

你能回想起某次直覺幫了你一把的情形嗎？也許你不知道原因，但就是知道可以在哪裏找回不見了的東西！

### 睡一覺再說

有些人會說「睡一覺再決定」，這是有原因的。在你好夢正酣時，你的潛意識會迅速檢視一次你蒐集到的所有資訊，並嘗試消化和理解。經過一夜好眠，你也許會發現，醒來時就想出絕佳的方法去解決一直困擾着你的問題！

### 寫進日記簿裏

將你想要處理的任何問題，還有你對於這些事情的想法寫下來是很重要的。不論這些想法看來有多雜亂隨意，將它們寫下來能幫助你更清晰地了解情況，並找出你真正的感覺。

運用直覺將你面對的問題整合在一起。

### 結合直覺與思考

有時候你可以運用直覺作出合適的決定，但有時候需要再想一想你的選項，衡量輕重得失。很多時候你會發現，在面對不同的情況和作出艱難的決定時，直覺與思考這兩種技能會攜手合作。

### 慢慢來
所有人都有機會作出錯誤決定，懂得反思為什麼事情沒有按照計劃發展是很寶貴的技能。

### 停下來，想一想
也許你作出錯誤選擇，是因為你沒有停下來想清楚，或你只是盲目跟隨別人的行動。

### 學習
你無法避免犯錯，不過你是否已從錯誤中學到一些教訓，準備好面對下一次挑戰呢？

# 走出錯誤迷宮

沒有人喜歡犯錯，但所有人都有犯錯的時候！從錯誤中學習，可能比第一次便把事情做對更有用處呢。棘手的，不過從錯誤中找出路是很

**說句對不起**
有時候你會因為當下的憤怒而做了或說了令自己後悔的事情。說對不起是堅強的表現，而不是軟弱的行動。

**誠實面對**
對自己誠實，並能勇敢地說出「我知道我犯了錯」，能展示你有許多好品格。

**達成目標！**
如果你曾經在過程中犯錯，當你達成目標時，感覺會更為特別！

犯錯後能找到解決方法，顯示出你有能力應付任何情況。

彈珠無法抵達跑道的終點！

# 逐步拆解問題

有些問題相當複雜，令你不知道如何解決它們。當你遇上這個情況時，你可以嘗試將問題拆解成不同的部分。以下是可以幫助你處理問題的程序。

## 到底有什麼問題？

首先要找出確實發生了什麼問題。可以的話，試試用一個句子將問題歸納。接着寫出另一個句子，說出你想要發生的事情。

## 問題的成因是什麼？

現在想一想引起問題的原因可能是什麼。那可能是一個或多個原因。這些原因是互有關聯的，或是各自獨立的？

## 以腦力激盪，構想解決方案

試試想出不同的方案來解決問題。這些方案不會全都是完美的答案，因此要小心考慮每個選項的好處及壞處。

## 制定計劃

寫下你將要採取的行動、你可能需要的東西，還有你可能需要的求助對象。

**各就各位**
現在是時候將你的計劃化作行動了。如果事情發展不如你所想，別害怕後退一步，改變你的計劃。

問題就在那裏！
希望這方案行得通。

**檢討結果**
不論結果如何，也不論問題是否已解決，重要的是花時間回顧事情如何發展，因為它們全都是讓你汲取經驗的重要一環！

# 神奇的解難機

看看這部神奇的機器如何接收現實生活中的問題,並經過解決問題的程序,得出有效的解決方案吧!

我和我的妹妹不太合得來。

我想找個方法來幫助我們和睦相處。

## 問題成因

她有時候很煩人。

妹妹無時無刻都想黏着我。

我們感興趣的事情並不一樣。

## 腦力激盪

透過腦力激盪想出解決問題的方案。

## 可能的解決方案

叫她別靠近你。

只提議做你感興趣。

撥出時間讓你們做共同

試試更加體諒妹妹,並找方法讓你們保持心

## 實行計劃

和家人詳細討論，聽聽他們有什麼建議。

逢星期二吃晚飯前，與妹妹輪流選擇一起做什麼事情。

仔細思考你的解法方案是否可行。這些選項可能令你的妹妹感到不開心。

有些方案也許行不通，不過那是解決問題過程的其中一部分。

### 在三星期後檢討

星期二的約會行不通，因為我們都太忙了。試試約在星期日下午吧。

如今我們每星期也會和家人一起聊天，並且會談論任何問題。這進展很不錯！

### 計劃有效嗎？

我和妹妹的關係變得好多了。雖然有時仍然會吵架，可是如今我有更多解決方案。我和妹妹會花很多時間在一起，不過我仍然有空做自己的事情，而且不會令她不開心。

試試將你的問題輸入這部機器，找出是什麼原因導致問題出現，然後想出一些可能的解決方案和實行計劃吧！

# 解決大問題，要小步前進

　　有些問題涉及的範圍很大，超越你的控制範圍。不過，原來逐一完成不同的小步驟，向着正確的方向邁進，就可以令你較容易處理問題。以下是一個例子：

> 有一個嚴重的問題令我很困擾，那就是有許多貓咪和狗隻流落動物收容所，我可以怎樣做呢？

## 想一想問題的成因

動物流落到動物收容所，可以有許多不同的原因：

- 牠也許與主人走失了，而體內沒有記錄主人資料的晶片。

- 牠的主人可能生病了，無法再照顧自己的寵物。

- 牠可能被主人遺棄了。

這些情況全都是你無法控制的，但有沒有什麼事情是你能幫上忙的？

### 協助照顧寵物

你可以問問朋友或鄰居，當他們出門或生病時是否需要找人照顧他們的寵物。不過在你這樣做之前，記得先徵求父母同意。

### 響應動物收容所的呼籲

動物收容所有時候會徵求物資，例如舊毛氈和被褥等。你可以捐贈這些物資，令動物生活得較舒適。

你想要解決什麼重大的問題呢？有沒有一些小步驟能助你向目標前進呢？

### 做義工

有些動物收容所容許年紀較大的兒童來做義工或是親身體驗收容所的工作。當你符合它們的年齡要求，你便可以報名參與。這也許能帶領你找到未來的事業！

### 籌款

為動物收容所籌募資金，能幫助它們為動物提供更好的照顧。你可以舉行蛋糕義賣會、步行籌款，或是出售你部分的舊玩具來籌募善款嗎？

### 成為動物寄養家庭

有些動物收容所會徵求收留寄養貓狗的人，讓牠們在找到永遠的家之前，亦可以得到愛護與關懷。你能做得到嗎？

### 做個負責任的主人

如果你的家庭迎來了一隻寵物，你必須先清楚了解寵物的需要，才能給牠快樂和健康的生活。

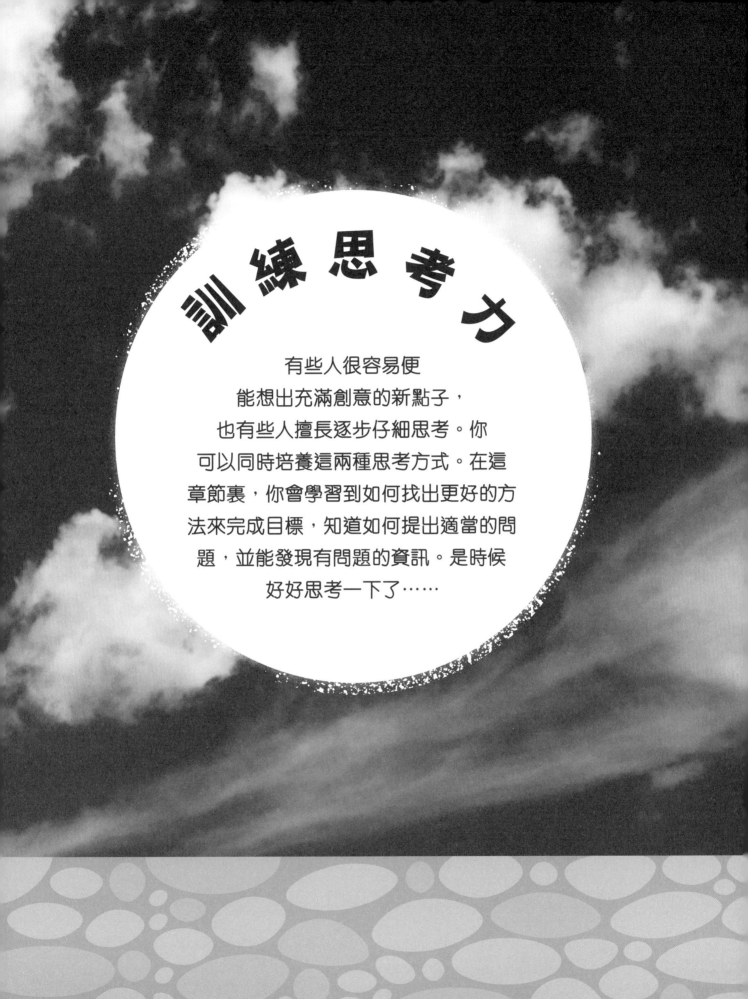

# 訓練思考力

有些人很容易便
能想出充滿創意的新點子，
也有些人擅長逐步仔細思考。你
可以同時培養這兩種思考方式。在這
章節裏，你會學習到如何找出更好的方
法來完成目標，知道如何提出適當的問
題，並能發現有問題的資訊。是時候
好好思考一下了……

# 多動腦筋

創意思維和明辨性思考，都是能夠在你人生中的各種情況下派上用場的技能。這兩種思考方法都有助你作出好的決定，並解決問題。

## 創意思維

創意思維是指以新角度觀察事物。這種思維可能會為你帶來不同的處事方法，或是完全從零開始發明出新事物。學習有創意地思考，意味你要保持頭腦開放，讓你能夠考慮所有的可能性、處理事情時保持彈性，並且把握機會嘗試一些新事物！

## 明辨性思考

明辨性思考是處理資訊的方法，即是找出事實及作出評估。學習以不同角度觀察事物和了解其他觀點，能夠幫助你看清楚事情，並形成經過仔細思考而得出的見解。掌握明辨性思考的技能，可以讓你充滿自信地作出決定。

本章的內容會幫助你增強創意思維和明辨性思考能力。

# 猜想的力量

說到創意思維，其中一種最有威力的方法就是猜想。猜想是指你向自己提問，藉以開拓新的可能性。這裏有一些問題讓你嘗試展開猜想：

當你認為某些事情是不可能做到時，那就試試問自己：「假如我改變一些東西，會不會令事情成功呢？」或「會不會有其他方法可以做到這件事呢？」

假如你認為某項家務花費太長時間，那就試試問自己：「會不會有一個方法可以又快又妥善地完成家務呢？」這可以幫助你構想出相應的計劃。

## 猜想的樂趣

猜想可以只是為了好玩。在你思考這些問題時，就放任你的想像力馳騁吧。

假如……

大樹能說話，那會是怎樣的？它們會說什麼呢？

電腦不存在，會發生什麼事情？我們的生活會是什麼模樣？

如果你有某種不喜歡的食物，那就試試問自己：「換一種方法來烹調的話，我會不會喜歡吃呢？」不論是將這種食物加進奶昔或是用來做串燒，你也有可能得到一個美味的驚喜。

當你看到一些有趣的東西，例如一幅圖畫或一棟建築物時，試試問自己：「這背後會不會有什麼精彩的故事呢？」接着可以查證你的猜想與真相有多接近。

當你寫作時，試試問自己：「有沒有另一種方式說這句話？」或「我可以用哪一個更好的詞語？」這可以幫助你的作品變得與別不同。

我能夠利用家中找到的物件來建造一個機械人，它會是怎樣的？

你能夠想出更多可以猜想的事情嗎？跟你的朋友和家人討論一下你的想法，享受當中的樂趣吧！

# 培養創意

發掘你的藝術天分，是處理你的想法和感受的極好方法，它甚至能激發你的創意思維呢。

## 以創意表達想法

這裏有一些富創意的做法讓你可以盡情表達自己的想法。不論你選擇做什麼，創意都能幫助你從不同角度了解事情。

### 創作藝術品

當靈感突如其來之際，試試拿出你的照相機、顏料和畫筆來創作吧。你也許因一片美麗的景色而有所觸動，或是想探索一下你感興趣的主題。

照片和藝術品能喚起各種各樣的感受和回憶，讓你創造出永遠珍惜的東西。

想一想是什麼東西令某些事物對你而言是意義非凡的，並感受一下如何令那個特別之處在你的藝術作品中呈現出來。

### 書寫下來

用紙寫下你的感受和想法是表達自己的好方法。你可以嘗試許多種類的文體。你還可以計劃一下要寫什麼，或乾脆看看你的想像力會帶你到哪裏去。

寫日記來記下發生過事情，能幫助你疏理了解這些事情。

構思一個故事，或寫一首詩歌，能讓你探索自己的感受和想法。

### 創作音樂

音樂能幫助你抒發許多不同的感受。學習演奏樂器能幫助你的大腦以新的方式來思考。你要知道，偉大的科學家阿爾伯特．愛因斯坦（Albert Einstein）也會拉小提琴呢！

別忘了你自己的嗓子也能夠成為樂器。不論是唱歌還是用作表演節奏口技，你的聲音就是一種強大的工具。

聆聽大量不同類型的音樂，能幫助你找出可能感興趣的樂器。

### 表演一番

參與各種表演，例如舞蹈和話劇等，能讓你探索自己的感受，並通過身體呈現出來。此外，表演也能提升你的自信和自我形象。

你可以跳芭蕾舞或街頭舞蹈、演出默劇，或根據你最心愛的圖書內容來學習做話劇。

不論你參與哪一種表演藝術，請記得你正將其他人所沒有的東西帶上舞台——那就是你自己！

# 提升創意思維

創意思維就是跳出固有的思考框框來設想事情，它是一種可以通過練習而變得更強的技能。這裏有一些小貼士和竅訣來幫助你開始練習。

## 汲取靈感

不論是美麗的圖畫、有趣的動物照片，或是精巧的小裝置，只要令你有所啟發，就把它們展示或記錄下來。一個充滿創意的念頭能夠激發出新的想法，你永遠無法估計最終會得出什麼絕妙的點子來解決問題。

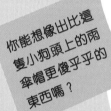

你能想像出比這隻小狗頭上的兩傘帽更傻乎乎的東西嗎？

## 記下一切傻傻的想法！

構思新主意時，你可以從任何所想像得到的，甚至是你認為最傻乎乎的事情開始。不論想法有多荒誕無稽，都把它們鉅細無遺地寫下來。然後，細看你的想法清單，其中是否有一些可能成為好點子的開端吧。

來展示一張可愛的羊駝照片吧！

## 挑戰你的固有認知

有許多事情你不用多思考便會做，也許是你每天早上的例行動作，或是你擺放衣物的方法。想一想，會不會有一個更好或更容易的做事方式呢？有時候，最微小的改變能帶來最大的效果！

誰是你欣賞的人呢？他會怎樣做？

## 代入某人的角度來思考

試想像你所欣賞的人會如何做某件事情吧。那人可以是你的體育偶像、一個你喜歡的名人，或是你尊敬的人。想想他們在解決問題時也許會想到的主意。

試試將衣服捲起來，而不是摺疊起來。

現實生活中的例子

棘手的情況
（1974年）

阿波羅13號的機組人員

### 將失敗逆轉（1970年）

美國穿梭機阿波羅13號快要登陸月球時，其中一個氧氣缸爆炸了。機上的三個太空人被迫撤走到穿梭機的另一部分，不過那裏漸漸充滿了達到危險水平的二氧化碳。太空人藉着穿梭機上的物資製作出一個臨時氣體過濾器而僥倖存活下來！

當美國發明家亞瑟·富萊（Arthur Fry）的書籤不斷從書中掉出來時，他想出一個方法，就是用一種漿糊將書籤的位置固定。Post-it® 便利貼就這樣誕生了！

## 你所面對的處境……

試想像你在翻閱一本雜誌時，發現了一篇談及一款全新科技產品的文章。在你決定掏荷包購買之前，先問問自己關於這篇文章的問題，將有助你確定這款產品是否值得購買。

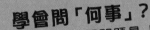

### 學會問「何事」？

你應該問的第一個問題是「這篇文章告訴了我關於產品的什麼事情？」這有助你找出文章是否對產品有公平和客觀的分析。

# 深入探索

要訓練你的大腦能夠嚴謹地思考，其中一個好方法就是提出適當的問題。這裏有一個例子展示出當你提出許多問題時，可以如何幫助你思考得更加深入。

### 學會問「何人」？

接下來，你可以問：「這篇文章是誰寫的？」它是否由受僱於生產商的人所寫？有些人寫文章只是為了令你去購買他們的產品，因此了解作者的身分是很重要的。

想想在什麼處境下提問這些問題會有所幫助吧。

我知道自己要怎樣做了！

出口

**學會問「何時」？**
問自己「我何時會用這款產品？」也是很重要的，這有助你了解這款產品是否值得購買。你也可以問：「我應該何時購買這款產品？」你能夠等到產品大減價時才購買嗎？

**學會問「怎樣」？**
當你完成所有產品調查後，值得一問：「我的看法有怎樣的轉變？」你是否仍然認為購買這款產品是正確的決定？

**學會問「為什麼」？**
你應該問問自己「為什麼我需要這款產品？」你也許會發現，市面上有其他同類產品更能得你歡心，或有其他東西是你更想要的。

**學會問「何地」？**
另一個可以問的問題是「我可以在哪裏獲得更多關於這款產品的資料？」你也許知道有人已經擁有這款產品，能夠告訴你更多關於它的事情，也可以請家長幫忙在互聯網上搜索相關的評價。

你要負責為學校或興趣小組構思一些新規則。請你依循這些步驟來擬定一個計劃吧。

## 展開研究

現在是時候深入了解事情了。與人商量是很重要的，你可以和訂立規則的成年人談談，或是問問朋友的想法。與許多和你想法不同的人討論對你會很有好處。

你能告訴我為什麼你有這種想法嗎？

## 對現有資料提出問題

首先由對自己發問大量問題開始吧。你對於現時已實施的規則有何認識呢？為什麼要訂立這些規則？誰能從中獲益？你想如何改變這些規則呢？為什麼？

# 明辨性思考

戴上明辨性思考帽子有助你小心考慮事情，並想出新主意。這裏為你介紹如何以明辨性思考方式來思考事情。

## 考慮各方意見

當你蒐集到大量事實和意見後，便需要衡量所有的資料，想想什麼是可行的，什麼是不可能做到的，以及為什麼人們會提出某些意見。還有，你也要考慮一下自己的想法。

考慮中的新規則：
- 每天都要吃雪糕。
- 周五可以提早下課。
- 所有人都要協助完成一個園藝計劃。

## 測試新主意

如果不確定某些主意會帶來什麼效果，你可以在短時間內實施一項規則以測試實際效果，這樣你便可以觀察到什麼是有效的，並獲得人們的反饋。最終，你也許會保留原有規則，但要稍微修訂，或完全廢棄那項規則。

新規則（只在今天適用）

你需要幫助最少一個人。

規則

## 落實你的計劃

是時候落實你的計劃了。如果事情並不如你所希望那樣運作，你可以再次戴上明辨性思考帽子，檢討事情如何發展。

你可以在各種各樣的情況下善用明辨性思考帽子。

## 寵物新聞

⚪ 貓與老鼠是最好的朋友!

## 日常生活

發現不明飛行物體
飛越城市

## 科技在線

機械人來了!

# 停一停，想清楚

人們很容易認為自己看見的與讀到的總是正確的。這裏有一些例子，顯示明辨性思考如何幫助你停下來，反思什麼才是真的。

> 我不能相信我們最愛的樂隊在節目投票中被淘汰了，那肯定是造假的!
>
> 😞
>
> 對呀，他們是最好的，不可能被投票淘汰!
>
> 😠
>
> 明顯是造假的!我認識的所有人都投票支持他們留下來。

每次上網前，你應該先徵求家長或監護人同意。請記着，大部分社交媒體都需要年滿十三歲才能登記使用。

這頭長頸鹿和河馬的混種動物在非洲草原上被發現。

### 輕率的想法

這些頭條新聞太驚人了！刊登在報章上的肯定都是真的。

### 停一停，想清楚

頭條新聞會否把事實誇大以吸引人們買報紙呢？請可信的成年人幫你調查這些頭條新聞是否真的，讓你能夠了解事實。

### 輕率的想法

那隊樂隊不可能被投票淘汰的，這個節目肯定有造假，大家都這樣說呀。

### 停一停，想清楚

你怎知道節目造假？你還未知道任何事實，所聽到的都是其他人的意見。你能找到更多該節目的投票機制的資料嗎？

### 輕率的想法

多新奇的生物呀！我要將這張照片分享給我認識的人看。

### 停一停，想清楚

等等！這動物看起來是否怪異得不像是真的？請可信的成年人幫你查證這隻動物是否真實存在。並非所有照片內容都是真的！

# 提升溝通力

你能以許多方式
與人溝通。用於溝通的字
詞非常重要，不過你也可以通過
身體語言、聲調和音量大小，甚至
藉由什麼話也不說來溝通！在這章中
介紹的溝通技巧，將會在不同的情況
下幫助你表達自己、了解他人，或
在團隊裏順利地與人合作。

# 來玩溝通遊戲

請你接受以下挑戰，測試你的溝通技巧有多高吧。邀請你的朋友一起玩，享受以不同方式來傳遞信息的樂趣吧！

## 題目卡

首先，你需要挑選你想要與人交流的題目。以下是一些建議：

- 你喜愛的電影
- 你的興趣
- 你喜歡的動物
- 你最精彩的假期
- 你不喜歡的食物

決定好你的題目後，你便可以從四張挑戰卡中任擇其一。

## 演默劇

你可以在三十秒內不使用言語，只用動作來演繹出你的題目嗎？

- 什麼動作最能表達出你的題目？

- 你可以藉面部表情、手勢，甚至道具來協助你。

- 你可以盡量誇張地做動作，讓你的朋友不會錯過任何細節。

## 挑戰卡

每張挑戰卡都會要求你以不同方式來表達意思。選擇挑戰卡後，你的朋友便可以猜猜你想要告訴他們什麼事情。

試試想出更多題目，通過這遊戲和朋友交流吧。

### 繪畫

試試畫出一幅圖畫來表達你的題目。你有一分鐘時間，開始！

- 你可以畫出簡單的或繁複的圖畫。

- 盡可能畫得準確一些，有需要時可以用照片作為參考。

- 你可以在圖畫中加入一些細節，例如有表情的臉孔，或畫出指向上或向下的的拇指來向朋友展示你對這題目的感受。

### 寫作

你能寫出一段短文來說明題目嗎？試試在五分鐘內完成吧。

- 你寫作的目標是告訴其他人更多關於題目的事情，還是告訴他們你為什麼選擇這個題目？

- 你的短文必須包含題目的所有重要資訊。

- 用有趣的字詞令文章變得更活潑吧。你能在文中加入一些押韻字或文字遊戲嗎？

### 說話

你可以不說出題目，在三十秒內講述與題目相關的事情嗎？

- 想想你可以用來傳達信息的最合適字詞。

- 記得要緊貼題目，不要談及其他事情。

- 避免停頓或說出「唔」——這個規定要比看起來困難得多！

# 學習聆聽

學習好好聆聽和學習談話同樣重要。這裏的小貼士能幫助你了解別人話語中的想法，而不是只聽見一堆堆的字詞。

## 等待停頓

如果有些事情你聽不明白，或需要對方重複說一遍，你就應該把想法說出來。不過別要打斷別人的話，應該等對方在話語之中的自然停頓位置才說。

## 阻隔干擾

人們很容易被不同的事物分心，例如開着的電視機。保持留意對方所說的話是很重要的，否則你可能錯過某些內容。

## 與人有眼神接觸

聆聽他人可以從雙眼開始。看着別人的眼睛能夠顯示出你正專注地聽他們說話，而他們也能感受到你的專注。

**1**

**2**

## 用你的全身聆聽

你要確保自己並沒有顯得坐立不安，手上也沒有轉動任何東西，或雙腳正在輕踏地下，這樣能幫助你專心聆聽。

**3**

**5**

**4**

## 保持開放的心態

別人說話時，試着不要先在你的腦袋中跳到結論。在你總結出任何意見之前請先等一等，聽完整個故事。

## 感受一下

同理心即是了解他人的感受。如果別人告訴你一些難過的事情時,你也跟他同樣感到悲傷,或在別人與你分享好消息時,你也跟他同樣興奮,那麼你便是能夠從他人的觀點去理解事情了。

## 專心聆聽

如果你開始思考如何回應,便可能對別人正在說的話充耳不聞。你要先集中精神聆聽,到你回應時再花一點時間思考也不要緊。

來測試你的溝通技巧吧!請家長給你前往某個地方的指示。你要小心聆聽,看看你能不能去到目的地!

**9**

**7**

**8**

## 想像話語的內容

將你聽見的話語在腦海中生成圖像,能幫助你記憶相關細節。

**6**

## 避免離題

不要說出可能令對話轉移至不同方向的事情。你可以等待原有的對話結束後,再提及令你感興趣的事情。

**10**

## 當一面鏡子

別人跟你說話時,你可以作出反應,來顯示你能了解他們告訴你的事情。你可以說類似「那真是太神奇了!」的話,甚至只需要點點頭來顯示你正在聆聽他們的話。

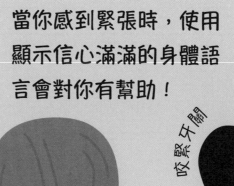

當你感到緊張時，使用顯示信心滿滿的身體語言會對你有幫助！

## 開心

大大的笑容

下巴揚起

肩膀向後

手臂放鬆

## 憤怒

臉紅且熱

咬緊牙關

**用鏡子練習**

請望進鏡子裏，看你能否不說任何話便展示出這些感受。這裏有一些提示，但你可以自然地做出相關的任何動作。

# 沒有言語的「對話」

並非只有言語能告訴別人你的感受，身體語言比你想像的可以透露出更多線索，多留意別人的身體語言是非常有用的溝通技巧呢。

# 沉默

手指輕敲

用手托頭

望向別處

# 緊張

眼往下望

絞擰雙手

輕輕踏腳

## 身體在說話

身體語言的威力非常強大。如果有人對你翻白眼，你可能像聽見對方說出不友善的話一樣難受。如果有人傷心難過，一個擁抱可以比言語更能表現出你對他的關心。

## 形成錯誤印象

有時候我們會養成一些習慣，令我們在無意中透過身體語言向他人發出一些信息。右面的圖都是人們有時不假思索地做出的行為：

**皺眉頭**
可能你正在專注地思考，但這樣看起來有點像你正在生氣。

**咬指甲**
這個常見的壞習慣可能是擔憂或緊張的徵兆，或令你看起來就是有這壞習慣！

**低頭垂肩**
也許你有點疲累，不過如果你想提起精神聆聽別人的話，就要挺直身子坐好了。

## 甘迺迪 與 尼克遜

1960年，美國總統選舉的候選人辯論第一次在電視上直播。對大部分收看電視的觀眾來說，挑戰總統寶座的甘迺迪（Kennedy）顯然是勝出者，因為他看起來信心十足。那些收聽電台直播的聽眾則認為經驗豐富的總統尼克遜（Nixon）更勝一籌，因為他們並未看見尼克遜在辯論中汗流浹背的模樣，那令他顯得非常緊張。

甘迺迪最終在總統選舉中勝出。

## 探究溝通的科學原理

溝通時，我們運用身體語言的時候遠較言語多。對這種非語言溝通的研究稱為「動作學」，它能告訴我們很多秘密。例如當兩個人關係良好時，他們常常會不知不覺地模仿對方的身體語言。

# 這樣說就對了！

調整你說話時的音量與聲調，能改變你言詞背後的意思。多想想你說話的方式，而不止說話的內容，會對你很有幫助。

## 非常大聲
當你迫切需要獲得別人注意，例如遇上緊急狀況時，你就要非常大聲地求救！

## 音量
將聲線控制在適當的音量是很重要的，它能影響你的說話有多清晰，甚至能顯露出你的感受。例如感到難過時，你便可能低聲說話；而在生氣時，你也許會非常大聲地說話。

## 大聲
當你與一大羣人說話時，就需要運用大聲、清楚的聲線。

## 中等音量
這是你在日常生活談話時使用的正常音量。

## 小聲
當你不想打擾其他人時，可以用這種聲量說話。

## 非常小聲
有時候你需要低聲說話，例如當你的小妹妹正在睡覺的時候。

## 保持沉默
當你聆聽別人說話時，最好完全不要作聲。

## 聲調

你的聲調會與你的音量互相合作。相同的言詞用不同的方式說出來時，可以帶出不同的意思。

**態度**

即使你只說出單詞，例如「是」或「不是」，也能讓人感受到你的態度。試試用尖酸刻薄的方式說出這些字詞，然後用熱情的聲線說出相同的字詞，聽聽有什麼不同。

**情緒**

你的情緒能夠從你說話的聲調中表達出來，就像你的態度一樣。運用你說話的聲調顯示情緒，讓人知道你的感受是很重要的。試試用開心和難過的聲調說出：「我上學了。」

**提問與陳述**

當你發問時，你的聲調會在說話的結尾處稍稍提高，而結尾處沒有提高聲調的句子則是陳述。試試說出「你喜愛音樂」，令它分別變成提問句與陳述句吧。

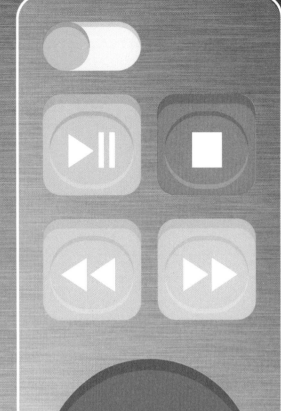

### 按下錄音鍵

錄下自己用不同的音量和聲調說出的各種句子，聽聽它們如何傳達意思，有助你提升溝通技巧呢。

**語速**

如果你說話速度太快，特別是當你緊張時，別人就會很難跟上。不過說話速度太慢的話，也許會失去別人的注意力。試試用不同的速度來說明某件事情吧。

**強調**

改變你在一個句子中強調或引人注意的字詞，便能夠完全改變句子背後的意思。試試說出「我喜歡雪糕」，每次都強調不同的字詞，聽聽句子的意思有多大差別。

如果你無法從別人說話的聲調中理解話語背後的意思，或對他們想要表達的意思感到困惑，那就直接問對方吧。

# 合作無間的團隊

當人們能夠有效地溝通，就能達到最好的團隊合作效果。你試過成為團隊中的一員，就像這裏顯示的例子一樣嗎？你留意到什麼重要的事情呢？

### 體育隊伍

這隊接力賽團隊合作無間，因為他們全都知道自己在賽道上的崗位。每次比賽前，隊員之間必須有良好的溝通，以確保團隊合作的表現。最重要的是，即使他們最終在比賽中落敗，他們也必須保持彼此之間的信任，並且互相扶持。

這些賽跑選手在交棒時必須互相溝通。

### 建造秘密基地

這些孩子正享受建造秘密基地的快樂時光。他們一起擬訂計劃，並決定每個人負責什麼工作，例如某人負責蒐集所需物資，讓其他人建造秘密基地。當所有人都盡力做好自己的工作，就會為所得的成就而感到自豪。

## 團結的力量

2016年，英國足球隊李斯特城締造了歷史。球員在2015年英格蘭超級聯賽的球季成績一直不理想。他們歷盡艱辛，在接下來的一個球季裏奪得聯賽冠軍，打敗了舉世知名的隊伍，例如曼聯等。他們的成功關鍵，就是擁有出色的團隊精神。

## 籌款計劃

這些好朋友決定舉辦蛋糕義賣會，為慈善機構籌款。他們一起籌劃，並貼出海報來公布義賣消息。義賣當天，他們全都帶來了自己的蛋糕。互相合作的力量，比獨自完成同一件事情要強大得多。

## 出版校報

在每期校報出版前，編採團隊都會舉行籌備會議。他們一起合作，決定所有的職責，例如有些人擅長寫作，便負責寫報道內容；而其他人則嘗試其他工作。如果各人都能發揮所長，校報自然辦得出色。

# 挑選合適的字詞

當你面對棘手的情況時，找出合適的字詞能為你帶來重大改變。

不是

與人傾談

不同意

是的

對不起

聆聽

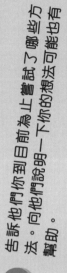

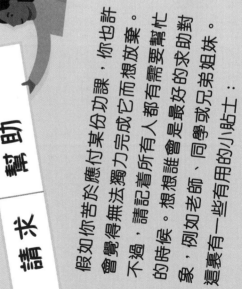

告訴他們你到目前為止嘗試了哪些方法。向他們說明一下你的想法可能也有幫助。

如果你擔心他們可能沒有時間馬上幫助你，那就問問他們，你應該在什麼時候來求教會比較方便。

別忘記向幫助你的人道謝，讓他們知道自己獲得別人的感謝非常重要。

## 請求幫助

假如你苦於應付某份功課，你也許會覺得無法獨力完成它而想放棄。不過，請記著所有人都有需要幫忙的時候。想想誰是最好的求助對象，例如老師、同學或兄弟姐妹。這裏有一些有用的小貼士：

## 和他不同

有時候你會為了一些對你來說很重要的事而與人出現分歧。你應該說出你的感受，但不要用可能令人感到受傷的方式來表達。以下的建議可能對你有所幫助：

- 首先，你需要先聽完別人的話。聽聽他們的看法，背後有什麼理據，試着不要打斷對方的話。

- 接着，當輪到你說話時，你可以藉由一些語句來顯示出你有用心聆聽對方的話，例如說：「我明白你的說法，不過我認為……」

- 如果對方試圖打斷你的話，或是與你同時說話，你可以試試說：「我明白你對那件事感受強烈，但請你聽聽我的想法。」

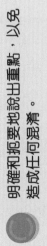

「當你需要幫助時，別害怕求助。我每天都會向人求助。求助並非表示你軟弱，反而是顯示出你的強大。它反映出你有勇氣去承認你不懂某些事情，並願意學習新事物。」

——前美國總統巴拉克·奧巴馬 (Barack Obama)

**求助**

## 學習說「不」

以合適的方式說「不」，是一種重要的技能。對所有事情都說「好」來使人感到高興其實很容易，但有時候你必須說「不」。以下是以正面的方式說「不」的一些建議：

- 明確和扼要地說出重點，以免造成任何混淆。

- 你不一定要解釋拒絕的理由，但說明一下也有幫助，因例如「我不想做那件事，因為我覺得這樣做不妥當。」

- 如果你要拒絕別人的邀請，你可以友善地說出來。如有需要，你可以向對方致歉。例如說：「對不起，我真的希望自己能參加你的生日會，但那天我有約了。」

**同意**

## 你的任務

試想像你是一支超級英雄團隊的領袖，並要決定團隊的任務。試試跟着以下的步驟與隊員溝通來完成你的使命吧！你可以將團隊任務寫成故事、畫成卡通，甚至化作戲劇演出。

## 表達你的感受

與隊員討論任務中的哪一部分最令你憂慮。有沒有一些問題需要解決的？

## 請求支援

想一想你在執行任務期間可能需要什麼幫助。其他人有什麼技能有機會派上用場？

## 聆聽別人的意見

聆聽其他人想要說的話，然後將他們的意見納入考慮之內。

## 解釋目標

向隊員簡單扼要地說明你的任務是什麼。你也許需要運用圖畫或圖表來幫助說明。

溝通的超級威力

**保持信心**

擺出一個超級英雄甫士吧！想想你有什麼技能呢？你要相信自己，並以你的信心為隊員注入能量。

**完成任務**

如果計劃有變，你應該對新的提議保持開放態度，還有別忘記和隊員溝通。接下來，一起為你們的成功慶祝吧！

**說聲「謝謝」**

要感謝一路上幫助過你的所有人，讓他們知道你對他們有多感激。

**感到自豪**

在你完成每一個大小目標後，也用力拍拍自己的肩膀，並說：「我真的為自己感到非常自豪，因為……」

溝通技巧就像超能力一樣，在各種各樣的情況下都很有用處，例如在開展一項新的小組計劃時，溝通能力就會派上用場。平日多練習如何與人溝通，到你真正遇上情況時也能夠應付自如。

# 培養感受力

你試過停下來思考一下所有令你成為你的東西嗎？那包括你的個性、你擁有的經驗、你享受的東西，還有許多許多。仔細想想你每天的思考和感受的方法，能讓你更清楚了解自己，並幫助你開始理解別人對事情可能產生的不同感受。

# 製作時間錦囊

要了解自己的感受，就必須先了解你自己。製作一個時間錦囊是個了解自己的好方法。現在開始蒐集所有令你成為獨一無二的你的東西吧！

## 靈感泉源

這裏有一些提議，讓你找出要把什麼東西放進時間錦囊。你也可以按自己的喜好盡情發揮創意。將你的物品放進小盒子或大信封裏封好，接着在容器正面寫上日期，然後將它儲存好，留待日後開啟。

## 朋友眼中的你

看看其他人如何描述你，並跟自己對自己的看法對比一下，會是很有趣的經驗。兩種看法之間相似嗎？或存在哪些差異？

## 珍貴的回憶

你做過什麼事是你認為自己永遠不會忘記的？你也可以加入一些照片或舊門票等。

## 字詞或語句

你會如何描述自己呢？請選擇你認為最貼切的三組字詞或語句吧。

勇敢

喜歡藝術

忠誠

## 自畫像

畫出你自己的肖像吧。它不需要是傑出的藝術作品，但可以試着添加一些細節，以捕捉到你真正的特徵和神態。

你可以每年製作時間錦囊，看看自己有什麼改變。

## 對未來的期望

不論這些期望是為未來事業而設的重大計劃，或是你想到訪的地方，你也要好好記下你的想法。試試加上報章與雜誌上的圖片作補充吧。

## 特殊才能

你有哪些才能呢？那可能是擅長體育活動，或是演奏樂器，甚至是將舌頭捲起！

我十歲時拉小提琴的樣子。

## 我想要做的事情

有沒有什麼事情是你在明年想要學習的？寫下你打算怎麼努力練習吧。明年過後，回頭看看你向目標走了有多遠，會給你不一樣的感受。

## 你喜歡做的事情

你喜歡做什麼事情來娛樂或放鬆自己呢？將這些事情寫下來，並加入照片和繪圖，放進你的時間錦囊裏吧！

# 性格小測試

這個測試十分有趣，它可以幫助你了解自己多一點。你也可以邀請朋友和家人來玩這個測試呢！

## 測試方法

寫下每條問題中你選擇的英文字母，完成後數一數哪個字母最多。

**1**
### 以下哪一項對你的描述最貼切？

A. 一個深思熟慮的人
B. 一個非常有趣的人
C. 一個超級平靜的人
D. 一個會帶頭行動的人

**2**
### 你認為哪一種動物和自己最相似？

A. 獨角獸
B. 色彩繽紛的孔雀
C. 慵懶的貓
D. 容易興奮的狗

**3**
### 如果你有一個空閒的下午你會如何度過？

A. 寫作故事
B. 到主題公園玩
C. 在家中放鬆自己
D. 參與體育運動

## 大部分答案是A

你是個充滿創意又深思熟慮的人，有時會有點害羞。你常常迷失在思海之中，也很會自得其樂，因為你的腦海中總是充滿了新奇的想法。

## 大部分答案是B

你最喜歡與人為伍，也很愛玩。你樂意成為眾人的焦點，而且喜歡逗人高興。你喜歡嘗試新事物。

### 4 你會選擇看哪種電影？

A. 會令我思考的電影
B. 喜劇
C. 任何令人放鬆的電影
D. 冒險電影

### 5 以下哪些事情會令你感到最大壓力？

A. 忙碌得沒空思考
B. 無法見到我的朋友
C. 與人出現意見分歧
D. 在陽光普照的日子裏被迫留在室內

### 6 你會選擇以下哪種作為你未來的職業？

A. 作家或畫家
B. 演員
C. 瑜伽導師
D. 消防員

### 7 你喜歡和朋友做什麼事情？

A. 製作或烘烤一些東西
B. 玩任何種類的遊戲
C. 聽音樂
D. 到公園去

### 8 在假期裏，你會上哪兒去？

A. 在樹蔭下看書
B. 在泳池裏結識新朋友
C. 在吊牀上放鬆自己
D. 到處探索

### 9 哪種顏色和你的性格最相配？

A. 深藍色
B. 亮黃色
C. 柔和的綠色
D. 鮮紅色

### 10 你喜歡如何抒發自己的感受？

A. 在日記裏寫出來
B. 向朋友傾吐和商量一切事情
C. 冥想或在大自然中散步
D. 去長跑

**大部分答案是C**
你是個非常平靜而有耐性的人，喜歡保持平和的心境。你很享受待在一個放鬆的環境中。大部分時候，你都能保持沉着冷靜，不容易慌張。

**大部分答案是D**
你最喜歡到戶外去，是個非常活躍的人。你喜歡成為領袖，而且會努力做好所有事情。如果有人陷入困境，你一定是首先提供協助的人。

每個人都有多種特質，
而且你的性格並非
一成不變的！

## 未來的感受

如果你能夠留意到自己在不同處境中有什麼感受，便代表你可能找出自己會在什麼時候再次出現那種感受。例如你知道有些事情可能會令你緊張，你可以找些方法在你的緊張感覺出現之前便處理它。

## 回想這一天

在你上床睡覺前，想想你在這一天裏感受到的不同情緒吧。撥出十分鐘時間，想一想你出現過種種感受的原因，還有你對這些感受有什麼反應。

我在公園裏散步了一段長時間，所以我覺得非常放鬆又疲累。

今天我和家人一起出門，享受了美好的一天，所以我覺得很開心。

我覺得很失望，因為我今天考試不及格。我不想說起這件事情。

悲慘

好奇

困惑

快樂

不開心

沉悶

生氣

妒忌

單調

惱氣

害怕

幸福

開心

害羞

慚愧

十分緊張，就像有蟲子在胸口裏鑽來鑽去一樣，使我心神不寧。

失望

幸運

# 靜思片刻

處理自己的感受就是花時間仔細想想你的情緒，這樣能幫助你釋放壓抑的情緒，察覺到自己真正的感受。

## 分享和關心

與他人分享感受，能幫助你有效處理事情。如果你能去關心別人，也可能給他們重大的意義。別看輕簡單一句問對方有什麼感受的話，它可是有強大的力量。最堅固的友誼正是建基於互相關心彼此的感受。

尷尬

煩悶

傷心

滿足

緊張

自信

感恩

披憊

當我的弟弟沒有問過我便借走我的新T恤時，我憤怒極了。

# 致親愛的日記

寫日記是釋放壓力的好方法，並幫助你更深刻地了解自己的感受，以及讓你明白什麼事情對你而言是很重要的。

### 如何寫日記

請記着，沒有人會查看你的日記，所以你可以用適合你的方式來寫日記。以下的一些小貼士可能對你有幫助。

嘗試每天或每周都在相同時間寫日記，可以幫助你培養寫日記的習慣。

我今天學會了雜耍！

想想你會如何寫和在日記內寫什麼。你也許想要寫下所有在腦海中冒出來的東西，又或者你喜歡每天都環繞着相同的題材寫日記。

你可以將焦點集中在其中一件你希望做到或達成的事情上，好讓你能記錄事情的進展。那件事情可以是學習新技能，或是為你非常渴望買到的東西而儲蓄零用錢的方法。

我的新結他！

書寫不是寫日記的唯一方法。你也可以用塗鴉、素描或錄音等方式來記下每天的經歷。

我在公園裏玩得很開心。

## 捕捉歷史

有一本世界著名的日記是由英國政治家塞繆爾·皮普斯（Samuel Pepys）於1660年代寫成的。這本日記告訴我們當時的生活是怎樣的，包括在鼠疫橫行之際和倫敦大火發生時的情況。

翻看日記能幫助你找出事情有什麼變化。你也許會留意到在某些情況下，你的感受和反應方式都存在着一些規律呢。

## 欣賞美好的事情

製作一本感恩日記，是將你感恩的所有事情都記錄下來的好方法。試試完成以下句子，或自行創作感恩句子吧。

今天令我會心微笑的事情是……

我真幸運能在人生中擁有這些人的陪伴……

當我……的時候，我便會很有成功感。

今天發生的三件好事包括……

## 你會有什麼感受？

以下的人全都經歷過艱辛的日子，
你在這些情況下可能會有什麼感
受，又會如何行動呢？

### 家庭憂慮

某人的一位家庭成員
入院了，他和家人都
很難過。不過有人探
訪他們的話，他們會
開心一點。你對於每
天去探訪他們的事有
什麼想法？要一直保
持正向思維是否很困
難呢？

### 傷心的感覺

在學校裏，有人對
你說了一些尖酸刻
薄的話，你會覺得
生氣或難過嗎？你
的朋友可以怎樣幫
助你？

### 被人孤立

所有人都獲邀出席生
日派對，除了某一個
人。如果那個人是
你，你會有什麼感
受？你會問為什麼只
默不作聲呢？

# 理解他人的感受

　　嘗試理解他人是很重要的，不過有時候我們
難以找出別人有什麼感受和產生那種感受的背後
原因。試試將自己代入他們的處境，你也許能為
對方提供更好的幫助。

人們會以不同的方式處理事情，
你認為其他人會如何回應這些處
境？你可以怎樣幫助他們呢？

## 同理心

同理心就是能從別人的角度去理解事
情。它能幫助你了解可能與你非常不
一樣的人，或是面對不同的情況。
當每個人都具備同理心，
世界將變得更和諧。

## 對未來的恐懼

有些人會在一個學期的
中途來到新學校上學。
他們不認識任何人，而
所有人都已經結交成好
朋友了。如果那個人是
你，你會不會覺得害羞
又緊張？有什麼辦法可
以改善這情況呢？

## 沒有足夠的金錢

試想像你所有的朋友
都擁有最新款的電子
遊戲機，但你無力購
買。這時候，你會不
會感到被人忽略？你
會不會急於儲錢來購
買電子遊戲機？

## 哎呀！

意外經常會發生。如
果你的手臂折斷了，
你可能需要打石膏使
傷勢快些痊癒。一些
簡單的動作，例如綁
鞋帶也會變得很困
難。你會請求協助，
或嘗試自己解決問題
呢？

# 骨牌效應

我們的行事方式可能帶來骨牌效應。骨牌效應是指由一件微小的事情而引發其他一連串事情。不同的行為能導致不同的骨牌效應，這些效應可能是正面的，也有可能是負面的。

### 一切都倒下了

試想像一下，有人為了某件事情而暴跳如雷，他的情緒糟糕極了。當別人問他發生了什麼事的時候，他粗魯地大聲吼回去，那麼產生的骨牌效應可能是他因為大聲吼叫而惹上麻煩，而他的問題卻未能解決。

### 我仍能站穩腳步

現在請你想像一下，同一個人用不同的方式處理因生氣而大聲吼叫的情況。也許他會解釋為什麼自己感到憤怒，並請求幫助，那麼產生的骨牌效應可能是他會得到一些好建議，令他感覺舒服多了。

有人在街上隨處拋垃圾。

其他人也跟着隨處拋垃圾。

沒多久，街上便會堆積大量垃圾。

## 連鎖反應

有些事情的影響會變得越來越嚴重，亂拋垃圾是其中一個負面例子。但另一方面，單單一個好行為也可能使其他人效法，然後有更多人做好事。

## 善意的幼苗

2009年，凱蒂·斯塔格利亞諾（Katie Stagliano）將一棵椰菜的幼苗帶回家。她悉心栽種，最後幼苗長成了一棵巨大的椰菜！凱蒂將椰菜捐贈出來幫助飢餓的人。之後她成立了慈善組織Katie's Krops，種植農作物供應給有需要的人。這讓許多人得到啟發，為慈善而栽種農作物。

請記着，你的行動不只影響你，也會影響其他人。

# 代入角色

書籍和電影都擁有力量，能令角色變得栩栩如生。你最愛的虛構角色有什麼地方深得你心？來試試親自創造出你獨有的虛構角色吧。

## 躍出書頁

有時候書中的角色太可信，你會以為這些角色可能是真實存在的。作者甚至可能以一些他們認識的人作為角色藍本。在你喜愛的書本中，最有趣的角色是誰呢？是什麼東西令這個角色特別有趣？

## 從書頁到大銀幕

出色的書本角色常常會在大銀幕上現身。有沒有你喜歡的書本被改編為電影或電視劇集呢？當中的主要角色的神情動作和你從書本中想像的是否一模一樣？

「孩子們常常問我，我是如何創作出書中的角色。那其實像幻想出一個朋友……」

——英國兒童文學作家積琪蓮·韋遜
（Jacqueline Wilson）

## 創作角色

嘗試親自創作一個與你個性不同的角色吧！想想他可能的行動方式，還有背後的原因。你可以由寫出關於角色的描述開始創作，例如他來自哪裏？他喜歡和不喜歡什麼東西？

## 燈光，攝影機，開始……

最後，試想像你將要在大銀幕上飾演你創作的角色。想想他可能發現自己身處在不同情況下會有什麼感受？可能有什麼反應？

# 加強適應力

經歷艱難時刻是
人生的一部分。儘管難以避
免出現壓力沉重的情況，你仍可
以學習處理困難，以及應付焦慮、悲
傷與憤怒等強烈情緒的方法。保持身體
健康和心靈平靜是很好的開始。在應付
一些難題時，很多時候你能做到的最
重要的事情，就是找人傾訴，讓
你得到所需要的支援。

# 失敗乃成功之母

未能取得成功時，確實會令人感到沮喪。不過，重要的是你不能讓失敗妨礙你再接再厲。有時候某件事情的失敗可能帶來更好的結果呢。

### 別困在失敗中

有時候你的表現並不如你希望的好，例如在學校測驗中失手。失敗的結果可能難以接受，不過試試越過它吧。你不能改變過去，只能展望將來。

### 接受挑戰

以往能做出好成績的人可能會擔心自己或許並不擅長處理新事物，這可能意味着錯過各種各樣嘗試新事物的機會。永遠別讓對失敗的恐懼阻礙你前進。

### 不要輕言放棄

可能有些事情你能夠輕易完成，但亦有其他事情你必須更努力才能應付。放棄是很容易的，不過學習完成一些令你感到具挑戰性的事情，你可能會獲得重大的回報呢。

## 絕佳的感覺

當你面對棘手的情況，而且事情不如計劃般發生，你將有機會品嘗到更甜美的成功感。經過艱辛的旅程後而獲得成功，滿足和自豪的感覺將無與倫比！

## 適合你的道路

失敗能令你更有決心要達成目標，也能開拓另一條道路讓你探索。新的道路可能會帶領你抵達更美好的地方。

## 失敗也有回報

能夠在失敗後繼續前進，是一種很出色的技能。失敗能給你寶貴的教訓，並給你信心去面對下一個挑戰。

## 跌倒後再次站起來的名人

不少成功人士，其實亦曾克服過種種困難。

### 運動員

單車選手黃金寶是首位華人在「世界場地單車錦標賽」中勇奪冠軍，但原來他曾被逐出港隊，幸得他鬥志頑強和有教練扶持，才有今天的成就。籃球運動員米高·佐敦（Michael Jordan）年少時曾落選學校籃球隊，但他堅持不放棄，終於追夢成功。

### 藝人

著名歌手容祖兒曾經失聲，其後積極接受治療，終於康復。著名主持人奧花·雲費（Oprah Winfrey）如今擁有自己的電視頻道，但原來她曾被電視台解僱。兩位藝人都遇過困難，但並沒有被擊倒。

# 認識壓力反應

所有人都有感到壓力或焦慮的時候。知道自己會如何回應充滿壓力的情境，是學習更好地處理事情的第一步。

你經歷過以下這些常見的壓力和焦慮嗎？充滿壓力的情境會如何影響你？

**家人與家庭**

家人生病

金錢問題

與父母或兄弟姊妹吵架

搬家

入讀新學校

被取笑或欺凌

太多功課

遇上麻煩

**學校**

覺得自己與同學格格不入

## 作戰、逃走或凍結反應

當你的身體認為你身陷險境時，便會發出內部警報，讓你做出作戰、逃走或凍結反應。這是身體嘗試保護你安全的方法。

## 什麼東西能引起這些反應？

作戰、逃走或凍結反應是由身體釋出一種荷爾蒙（體內的化學傳訊物質），令你的能量迅速爆發。它一般是在緊急情況下，因存在迫切威脅而觸發的，但也可能在其他充滿壓力的情境下發生。

## 作戰、逃走或凍結反應是怎樣的？

你的呼吸可能較平常快，令你感到暈眩。

你的額頭可能布滿汗珠，或者手心出汗。

你的瞳孔可能變大，讓你能察覺危險。

你的肌肉凝聚力量，準備你迅速行動。

你可能覺得自己需要去洗手間。

你的心跳很快，泵出更多血液為肌肉供應更多能量。

全球議題

駭人的新聞頭條

感覺無助

聽見他人受苦的情況

朋友要搬走了

世界出現重大問題

與朋友吵架

朋友圈子出現改變

覺得被排擠

朋友

77

# 身處風暴之中

當你出現強烈的情緒，例如悲傷或焦慮，那感覺可能就像你身處在風暴之中。這些情緒會在很多方面影響你。

## 長遠影響

大部分情緒只會對你的身體產生短期影響，例如當你感到尷尬時會臉紅。不過當情緒變得難以承受時，就可能會對你的身體產生較持久的影響。以下有一些你需要注意的徵兆。

## 自信心低落

如果你受困於強烈的情緒，你可能會開始懷疑自己。這也許意味着你不想嘗試任何新事物，也可能逃避與朋友見面。

## 逃避參與活動

對於以往喜愛的活動，你會猶疑着是否要參與。你可能開始找藉口避免參與這些活動。

## 感覺不適

當你的心靈被情緒壓垮，那可能會影響你的身體。你也許會出現頭痛、腸胃問題，或是肌肉疼痛。

## 睡眠習慣改變

如果有煩惱困擾着你，你的睡眠習慣可能會改變。你也許會難以入睡、做噩夢，或較平日睡得更多。

## 心情波動

你也許會發現自己感到暴躁易怒，或對一些微不足道的事情反應過度。出現這些情況的時候，你可能想胡亂花錢來發洩情緒。

## 無法集中精神

極端的情緒可能令人難以集中精神，你應付學業時可能會有困難。

## 黑暗
## 盡頭的亮光

請記着，所有風暴都會過去，所有情緒都會回復正常。你有很多方法可以應付你的情緒。看看本章節的其他內容去了解更多，你會獲得很多有用的意見。

### 關掉屏幕

花太多時間盯着屏幕並不健康，也可能令你錯過其他有趣的活動。在你睡覺前最少一小時關掉電子裝置，能令你有一夜好眠。

### 多活動身體

多活動身體會為你帶來許多好處。運動能令你保持身形健美、紓緩壓力，並幫助你睡得更好。不論你是享受參與體育活動的人，還是喜歡隨意活動筋骨，記得要抽出時間做運動！

### 選擇健康的食物

大量進食水果和蔬菜，有助你獲得豐富的維生素、礦物質和纖維。進食的食物種類要多種多樣，包括碳水化合物，例如馬鈴薯和米飯；還有蛋白質，例如蛋、魚和豆類。喝大量的水也很重要。

### 建立良好作息習慣

建立良好作息習慣是很重要的。進食正餐，以及每晚在大約相同的時間睡覺，能使你保持身心健康。

# 養成健康好習慣

這裏有九個技巧能幫助你的身體與心靈保持健康，遠離壓力。

## 作出能力所及的改變

想想日常生活中有哪些事情令你感到困擾的。有沒有什麼是你能改變或可以開始着手行動的，以減輕你的壓力？

## 分散注意力

在你感到有壓力時，可以嘗試分散自己的注意力。例如製作一個薄餅、烘烤蛋糕，或做些小手工。專注在其他事情片刻能讓你的心靈得到所需要的休息。

## 愛護自己

遇上問題時，不要只顧着怪責自己。相反，你可以對自己說一些鼓勵的話，例如：「一切都會沒問題的。」

## 保持好心情

撥出時間來做一些為你帶來喜悅的小事情吧。你可以和寵物玩耍、聽聽音樂，或洗泡泡浴。每天做些令你享受的事情能使你的心情變好，令你感覺沒那麼大壓力。

## 和喜愛的人共享時光

與親友保持連繫能幫助你放鬆心情，並讓你的心靈暫時遠離煩憂。他們也許能與你分享一些有用的建議，或單純令你發笑——這是很好的減壓方式！

# 回復
# 平靜感覺

有很多方法能令人感覺平靜，例如感受當下的一呼一吸和正念練習都能幫助你放鬆心情，平復你的情緒。

## 細心留意

呼吸練習可以令人感覺平靜。當你開始練習時，細心留意一下呼吸的變化給你的感覺。你可以試試以下四個呼吸練習：

## 複式呼吸

想像你的肚子裏有一個氣球。將手放在肚子上，然後吸氣，並從一數到四，感受你肚子內的氣球脹起。停住兩秒，然後呼氣，並從一數到四，感受氣球洩氣變扁。停住兩秒，再重複這過程。

## 轉動肩膊

聳起你的肩膊並盡量貼近你的耳朵，同時大口吸氣。接着用鼻子呼氣，並慢慢將肩膊往後轉再降下。繼續轉動你的肩膊並好好放鬆。

## 羽毛飄動

拿着一根羽毛，放在你的嘴巴前。輕輕吹氣並看着羽毛飄動。將你的注意力集中在羽毛上能令你的憂慮漸漸消散。你也可以將羽毛放在一個平面上，看着它被你吹起並飛走。

## 用一個鼻孔呼吸

用一根手指輕輕按住其中一側的鼻孔，令空氣只流經另一側的鼻孔。吸氣，蓋住其中一側的鼻孔，然後按住另一側的鼻孔呼氣。試着重複這組呼吸練習三至四次。

## 專注當下

集中注意力留意當下的做法稱為「正念」。正念能幫助你停止糾纏於過往的問題和對於未來的憂慮。你可以試試以下四個正念練習：

### 運用你的感觀

試想像你在大自然中散步時，你的感官有什麼感受。留心所有你看見、聽見、嗅聞到和觸摸到的東西。你能看見什麼顏色？花朵的氣味是怎樣的？你腳下的地面是什麼觸感？

### 留意呼吸

留意你的呼吸是非常簡單的事情，只要閉上雙眼，專注於你的一呼一吸。每當你的思緒遊走時，試試將注意力重新拉回你的呼吸上。

### 正念飲食

在你每次進食前，試試留意食物的的觸感和氣味。接着閉上眼睛，將食物放在舌頭上。它有什麼味道和質感呢？然後，非常緩慢地咀嚼食物。它的味道和質感有什麼變化？

### 感受身體的感覺

仰躺，閉上眼睛，讓你的手腳放在身旁，然後深深地吸氣和呼氣。與此同時，將專注力集中在身體的每一部分，從你的腳趾開始，一直到你的頭部。留意身體的每個部分有什麼感覺，並試試放下你的一切煩惱。

# 有待解決的問題

我的一些同學開始針對我。他們取笑我又將我推來推去。我不想告訴家人，因為我覺得很尷尬。我不知道要怎麼做或如何令他們停止這樣對待我。我應該怎麼辦？我應該和誰商量？

## 請求幫助

與你信任的成年人討論事情往往是解決問題的最好開始。那位傾談對象可以是你的父母、祖父母、老師，或世交長輩等。他們也許可以給你一些建議，或讓你知道有更多方法去尋求你需要的幫助。

# 尋求支援

要跨越艱難的時刻，其中一個好方法是和別人談一談所發生的事情，以及你有什麼感受。

我發現攀登到山頂是很困難的事，請問可以幫幫我嗎？

## 展開艱難的對話

你可能會覺得很難開口跟別人談論令你感到憂慮的事情，說出「我真的需要一些建議，但我不知道要從何說起」或類似的話語，能幫助你與人展開對話。如果你發現要說出你的問題實在很困難，你可以寫在便條上。

陷入困難時請求協助是代表你足夠堅強，而不是軟弱。它反映出當事情難以處理時，你會想方法來解決問題。

## 接受輔導

有時候幫助你的最合適人選可能是接受過專業訓練的輔導員。首先，你應該和可信任的成年人商量，好讓他們能夠幫助你找到合適的輔導員。你的醫生或老師也可以將你轉介給輔導員跟進情況。輔導時段可以面對面進行，或通過電話或在網上進行。

別怕，我會在這裏幫助你，確保你不會掉下來。

## 分享經驗

與經歷過類似情況的人談一談真的很有幫助。雖然每個人對相同的事情都可能有不同的處理方法，不過與你有過類似經歷的人，也許能夠讓你感到情況其實會逐漸改善的。

## 提供支援的慈善組織

有許多組織免費向年輕人提供支援。有些組織能夠處理的問題範疇很廣泛，有些則專門處理特定問題，例如心理健康、家庭問題、或欺凌等。如果你需要別人協助找出合適的組織來幫助你，你可以向學校或信任的成年人尋求建議。

## 投入音樂世界

音樂能反映近乎任何情緒。它能令我們感到放鬆、充滿能量、快樂或悲傷。歌手常常會創作歌曲來探索他們生命中發生過的事情。例如周杰倫《聽媽媽的話》表達了他對媽媽深厚的感情。其他例子還有……

### 女神卡卡（Lady Gaga）

Lady Gaga創作了許多歌曲來反映她的人生經歷。她的作品 *Born this Way* 講述要學習去愛原本的自己。

### 尚思·曼德斯（Shawn Mendes）

在歌曲 *In My Blood* 中，這位歌手第一次公開談及他對焦慮的感受。

# 尋找同行「伙伴」

與書籍、電影或歌曲互相連結，能夠幫助你反思自己的感受，並明白到其他人也經歷過相同的難題。

**蕾哈娜**
**（Rihanna）**
在歌曲 *Dem Haters* 中，蕾哈娜唱出她小時候在加勒比島國巴巴多斯成長時遭受欺凌的經歷。歌詞表達了她對被欺凌的感受。

**艾德華·希蘭**
**（Ed Sheeran）**
歌曲 *Afire Love* 描述了艾德華對祖父的回憶。歌詞談及疾病如何令艾德華的祖父失去記憶，甚至忘記了艾德華的樣子。

## 閱讀的力量

閱讀一本好書能夠紓解壓力，而且你可能會在書中發現自己！閱讀一些角色經歷與你相似的書本，能夠幫助你了解自己。

## 與電影產生共鳴

電影常常會觸及一些困難的議題，並可以令這些議題變得更易理解。如果你與一個虛構角色感同身受，看着他們的故事在大銀幕上逐漸開展，也許能夠深深觸動你的心靈。

# 振翅高飛

　　你的生活技能會隨着你遇上不同的處境而不斷發展。你不需要一次便將所有事情做對——重要的是從每一次經歷中學習，並緊記在你有需要時尋求協助。掌握手中合適的工具，你便能以樂觀和期盼的心情來面對往後的精彩旅程。

# 實用資訊

如果你需要更多資料或支援，這裏有一張參考清單，列出可以提供幫助的機構、網站和援助計劃。

## 保持精神健康：

精神健康諮詢委員會
「陪我講Shall We Talk」

https://shallwetalk.hk/zh/

提供多項有關精神健康的資訊，還有心理支援熱線、尋求專業診治的資料、社區支援的機構等。

衞生署學生健康服務
「情緒健康小錦囊」

https://www.studenthealth.gov.hk/tc_chi/emotional_health_tips/emotional_health_tips.html

提供多個加強心理健康的建議，還有處理衝突的方法、減壓方法、介紹什麼是抑鬱症等。

Open Up「Open嗌」

https://www.openup.hk/index.htm?lang=zh-Hant

透過社交媒體和不同訊息工具，全天候二十四小時提供服務，與青少年溝通，陪伴他們面對來自學業、家庭、朋輩相處等引致的情緒問題。

## 保持身體健康：

衞生署「活力操：挑戰版」

https://www.youtube.com/watch?v=hfpAsqWYx90

透過舞蹈影片，鼓勵大家多做運動放鬆身心。活動所需空間不大，在家做也可以。

香港政府一站通
「健康飲食」

https://www.gov.hk/tc/residents/health/foodsafe/healthyeating.htm/

介紹均衡飲食的方法，並提供有關食物標籤和基因改造食物的資料，幫助大家培養健康飲食的習慣。

## 保障個人私隱：

香港個人資料私隱專員公署
「兒童私隱」

https://www.pcpd.org.hk/childrenprivacy/

提供保障個人資料私隱的資訊，包括保障個人資料的重要性和原則等。

**關注國際日**

國際和平日
9月21日

世界友善日
11月13日

世界精神衞生日
10月10日

## 認識網絡安全：

香港青年協會「做個智Net的」
互聯網教育活動
http://benetwise.hk/index.php

提供安全上網資訊，包括以有趣的故事形式講解如何
善用互聯網，還有短片、小遊戲等。

香港青年協會
「好義配」義工搜尋器
https://easyvolunteer.hk/

這是一個匯集義工和服務機會的平台，方便搜尋合適
的義工服務機會，以行動實踐助人精神。

## 發揮助人精神：

義務工作發展局
https://www.avs.org.hk/

提供不同的義工活動、義工培訓、交流活動等，讓參
與者在履行義工服務過程中不斷成長。

## 了解世界衞生資訊：

世界衞生組織
https://www.who.int/zh/about/
who-we-are/constitution

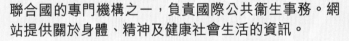

聯合國的專門機構之一，負責國際公共衞生事務。網
站提供關於身體、精神及健康社會生活的資訊。

# 詞彙表 （按筆畫排序）

**自信 confidence**
肯定自己具備做某些事情的能力。

**同理心 empathy**
能夠理解他人，並從他人的角度看事情。

**作戰、逃走或凍結反應 fight, flight, or freeze**
你身處險境時身體內部的反應。它是由身體裏釋出的化學傳信物質引起，使你可能會做出面對危險、逃走或凍結住而什麼也不能做的反應。

**身體語言 body language**
透過你身體的動作去表達你的感受和情緒。

**直覺 intuition**
對某些事情不需經過仔細思考而產生的強烈感覺。

**研究 research**
指針對某些事情蒐集資料，以形成經小心考慮而得出的觀點。

**音量 volume**
指聲音有多響亮，包括你說話時的噪音有多大。

**個性 personality**
令你成為獨一無二的你的特點！你的個性就是你的性格和你行動的方式。

**骨牌效應 domino effect**
指由一件小事情觸發出一連串其他的事情。

**動作學 kinesics**
關於非語言溝通的研究。

**習慣 habit**
一些你有規律地做的事情。

**情緒 emotions**
你對某些事情產生的感受，例如有好事發生時會感到喜悅。

**欺凌 bullying**
意圖在身體上或情緒上傷害他人的

行為。欺凌者可能因為種族、宗教、個人背景、殘疾或其他差異而針對某個人。

## 開放式問題 open-ended questions
答案不只有「是」或「不是」的問題。這種問題能令你用心思考答案。

## 結論 conclusion
先經過明辨性思考，然後才決定事情是對是錯。

## 腦力激盪 brainstorm
在思考解決問題的方法時，無論意見或想法多麼荒謬，也要全部提出來，藉此產生大量不同的觀點和激發更多新的思考方向去解決問題。

## 慈善組織 charity
會募集金錢並用於幫助別人的組織。

## 彈性 flexible
樂意面對變化，並根據情況以不同的方式處事。

## 潛意識 subconscious
你心智中的一部分，能夠在你不察覺下影響你的想法和行為。

## 正念 mindfulness
留意自己的身體與心靈，並專注於當下的片刻。

## 壓力 stress
令你產生擔憂和緊張的感覺。

## 聲調 tone
說話的方式，包括說話時的速度、態度和情緒。

## 籌款 fundraising
為了正面的原因而籌集款項，一般是為了慈善用途。

# 索引

# 鳴謝

這本書（英文版）得以順利完成，作者想在此感謝尼克（Nick）、阿美莉亞（Amelie）的協助，以及剛好在她寫完這本書後才出世的伊洛迪寶寶（Elodie）！原出版社DK也在此感謝海倫·彼得斯（Helen Peters）負責索引的部分、寶莉·古德曼（Polly Goodman）的校對，以及詹·格倫（Jim Green）協助設計。

Quote attribution and references:
pp. 52–53 Barack Obama: "Don't be afraid to ask for help when you need it. I do that everyday. Asking for help isn't a sign of weakness, it's a sign of strength. It shows you have the courage to admit when you don't know something, and to learn something new." From his 2009 speech to students at Wakefield High School, Virginia, USA. pp. 70-71 Jacqueline Wilson: "Children often ask me how I invent the characters in my books. It's really just like making up an imaginary friend…" From a 2017 interview with Penguin Books.

The publisher would like to thank the following for their kind permission to reproduce their photographs:

(Key: a-above; b-below/bottom; c-centre; f-far; l-left; r-right; t-top)

6-7 Dreamstime.com: Nadianb. 8-9 Dreamstime.com: Werner Stoffberg. 10-11 Dreamstime.com: Hai Huy Ton That / Huytonthat. 12-13 Dreamstime.com: Photosoup / Hywit Dimyadi. 12 Dreamstime.com: Jiri Hera (br). 13 Dreamstime.com: Nataliia Yankovets (cr). 22 Dreamstime.com: Stocksolutions (bc). 23 Dreamstime.com: Eric Isselee (ca). 24-25 Dreamstime.com: Androlia. 28 Dreamstime.com: Liligraphie (bc); Orcearo / Orcea David (br). 28-29 Dreamstime.com: Max421. 30 123RF.com: Maksym Bondarchuk (bl). 30-31 Dreamstime.com: Maximiliane Wagner. 31 123RF.com: Maksym Bondarchuk (br). 32 Dreamstime.com: Mcherevan (clb). Getty Images: Moment Open / Paula Sierra (cr). 33 Alamy Stock Photo: Aflo Co. Ltd. / Nippon News (tr). Dreamstime.com: Oleksandra Naumenko (c). NASA: (bl). 34-35 Dreamstime.com: Max421 (t). 38 123RF.com: Aleksey Boldin (cr). Alamy Stock Photo: PG Pictures (tr, br). 40-41 Dreamstime.com: Kimji10. 45 Dreamstime.com: Deanpictures (cra). 46 Alamy Stock Photo: World History Archive (br). 48-49 Dreamstime.com: Kenneth Ng. 51 Alamy Stock Photo: Nando Machado (cra). 53 Alamy Stock Photo: DOD Photo (cr). 54-55 Alamy Stock Photo: B Christopher. 56-57 Dreamstime.com: Esolex. 59 Getty Images / iStock: borchee (ca). 60-61 123RF.com: artenex. 63 Dreamstime.com: Weedezign (tr). 64 Fotolia: efired (br). 65 Alamy Stock Photo: Universal Art Archive (tr). 66-67 Getty Images / iStock: Olivier DJIANN. 68-69 Dreamstime.com: Akm Studio. 69 Katie's Krops: Stacy Stagliano (c). 70-71 Alamy Stock Photo: Lyle Mallen. 71 Alamy Stock Photo: WENN Rights Ltd (ca). 72-73 Alamy Stock Photo: Valentyn Volkov. 75 Alamy Stock Photo: Geisler-Fotopress GmbH (bc); Rich Kane Photography (crb); maximimages.com (br). 76 Getty Images / iStock: rogerashford (tr). 77 123RF.com: pockygallery (crb). 78-79 Dreamstime.com: Mishoo. 80 Alamy Stock Photo: PG Pictures (cra). 82-83 Dreamstime.com: Dmitry Naumov. 86 Alamy Stock Photo: Bob Daemmrich (tc). Shutterstock.com: Tom Rose (cla). 87 Alamy Stock Photo: Rich Gold (tc); Geoffrey Robinson (cr). 92-93 Dreamstime.com: Maximiliane Wagner

All other images © Dorling Kindersley
For further information see: www.dkimages.com